AF381523

LA CADENA DE VALOR DE MICHAEL PORTER

Identifique y optimice su ventaja competitiva

Por Xavier Robben
En colaboración con Amicie de Quatrebarbes
Traducido por Marina Martín Serra

Economía y empresa   50MINUTOS.es

LAS CLAVES PARA EL ÉXITO

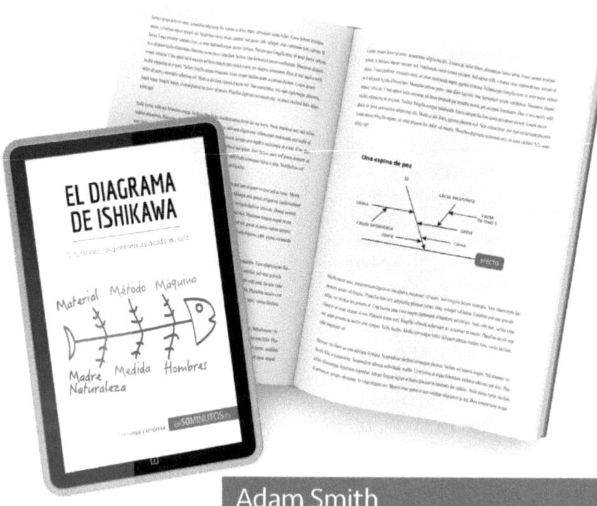

Adam Smith

El principio de Pareto

El estrés laboral

La pirámide de Maslow

www.50minutos.es

LA CADENA DE VALOR DE MICHAEL PORTER

DATOS CLAVE

- **¿Denominaciones?** *Supply chain,* cadena de valor, *supply chain management,* cadena de valor empresarial, cadena de valor de Michael Porter, cadena de Porter.
- **¿Utilidad?** Mejorar la competitividad, reducir los costes, aumentar la creación de valor.
- **¿Por qué es eficaz?** Adaptable a todo tipo de empresa, permite superarse y presenta etapas claras y bien definidas.
- **¿Palabras clave?** Ventaja competitiva, creación de valor, herramienta de análisis, subdivisión de las actividades.

INTRODUCCIÓN

Historia

Michael E. Porter (nacido en 1947), profesor de estrategia empresarial en Harvard, establece las bases modernas de la estrategia competitiva, de la competitividad y del desarrollo económico de las naciones, de los Estados y de las religiones.

Empieza a interesarse por la noción de ventaja competitiva a partir de los años ochenta, y reúne sus teorías estratégicas, que se adoptan rápidamente para mejorar la gestión empresarial, en la obra *Competitive Advantage: Creating and Sustaining Superior Performance* (1985).

En su opinión, la superioridad de una empresa procede de su control de las fuerzas competitivas. Estas últimas, llamadas comunmente «las cinco fuerzas de Porter», forman parte de las claves esenciales de la gestión moderna. Más tarde, Porter publicará otras obras, entre las que destaca *Competitive Strategy: Techniques for Analyzing Industries and Competitors* (1998), que matiza sus investigaciones en materia de estrategia competitiva.

Definición del modelo

La cadena de valor es una sucesión de acciones realizadas con el objetivo de instalar y valorizar un producto o un servicio exitoso en un mercado, mediante un planteamiento económico viable.

Toda empresa o asociación, organización creadora de valor y deseosa de mejorar su competitividad puede lograr sus objetivos si se basa en la cadena de valor. Este modelo, de hecho, permite que las organizaciones interesadas analicen sucesivamente el conjunto de sus actividades con el objetivo de mejorar al máximo posible cada etapa para constituir y optimizar una ventaja competitiva. Esta cadena de valor es una herramienta de *strategic management* muy preciada, en la medida que actúa en el posicionamiento de un producto o un servicio en el mercado.

Finalmente, la cadena de valor tiene tres objetivos:

- la mejora de los servicios;
- la reducción de los costes;
- la creación de valor.

TEORÍA Y PRESENTACIÓN DEL CONCEPTO

LA CREACIÓN DE VALOR

Antes de empezar a desarrollar la ventaja competitiva, todas las empresas tienen que asimilar la noción de la creación de valor. Se trata de un sistema analítico concebido para descomponer las distintas funciones de una empresa y examinar el coste que tienen. Su objetivo es asignar los recursos a lo largo de la cadena de la forma más eficaz posible. Esto permite que un producto se pueda posicionar estratégicamente en un mercado, en función de su coste o de su diferenciación.

¿Cómo se pueden reducir los costes? Se puede lograr favoreciendo:

- un proceso de fabricación óptimo;
- la compra de materias primas a un coste bajo;
- la innovación;

- la funcionalidad del producto con el fin de lograr una mayor diferenciación;
- una mejor calidad de fabricación;
- un mejor servicio posventa;
- un plazo de entrega más corto gracias a una buena organización de la logística.

Además de permitirle a una empresa que determine los pasos a seguir para obtener beneficios de forma permanente, un buen análisis de las distintas funciones de la empresa permite aumentar la productividad y alcanzar un crecimiento sostenible y rentable.

LOS POLOS

El modelo de Porter está constituido por nueve grandes funciones generadoras de valor, conocidas como «polos».

¿SABÍAS QUE...?

La selección de las actividades que aportan valor se basa en tres criterios:

- ¿Se apoyan o no sobre distintos mecanismos económicos?

- ¿Constituyen una parte considerable de los costes?
- ¿Influyen directamente a la ventaja competitiva?

Se dividen en dos categorías:

- inicialmente, encontramos cinco actividades básicas que intervienen directamente en el valor añadido del producto final. Este conjunto agrupa las actividades que se refieren a la logística de adquisición (1), a la fabricación (2), a la logística de distribución (3), al *marketing* y a la venta (4), así como a los servicios (5);
- a continuación, encontramos cuatro actividades de apoyo que participan de forma indirecta en la creación del valor añadido final. Se trata de las actividades relacionadas con la infraestructura de la empresa (A), con los recursos humanos (B), con el desarrollo de la tecnología (C) y con las compras (D).

La cadena de valor de Michael Porter

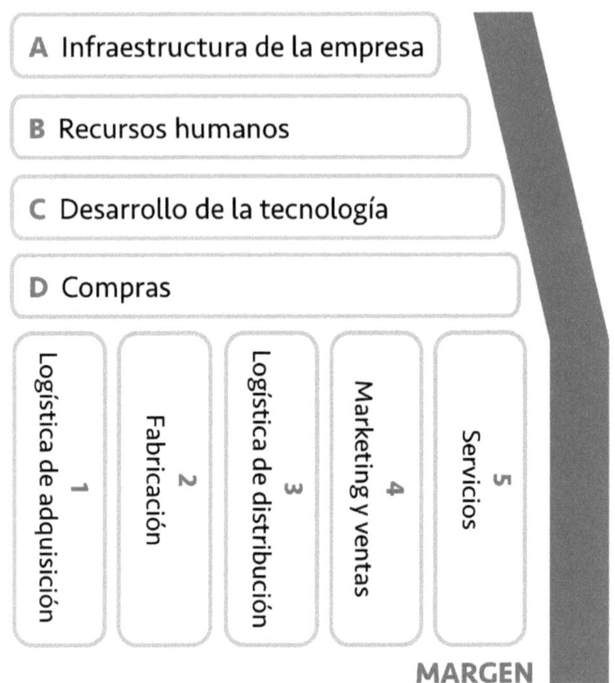

El profesor Porter esquematiza la empresa utilizando una representación gráfica simple, en la que las actividades básicas se posicionan verticalmente mientras que las actividades de apoyo se colocan de forma horizontal. El margen representa la diferencia entre el valor final del producto y el conjunto de los costes que se le atribuyen (creación, lanzamiento, etc.). La importancia de su superficie resulta de la ventaja competitiva de cada una de las nueve funciones de la empresa. Evidentemente, cada empresa posee su propio gráfico, que cambia según factores muy diversos: su naturaleza, su sector de actividad, su posicionamiento o incluso su eficacia.

¿Sabías que...?

La ventaja competitiva que una empresa tiene sobre su competencia se dibuja con la comparación de cadenas de valor. La calidad de una actividad tiene un impacto directo sobre los costes, sobre la satisfacción de los clientes y sobre la importancia del margen. El análisis de una función no siempre tiene un resultado positivo. Algunas de ellas pueden consumir valor o ser inferiores a la competencia.

Las actividades centrales (o funciones principales)

Las actividades centrales son las principales funciones organizadas en el interior de una empresa. Contribuyen de forma directa a la creación del producto, a las acciones de *marketing*, a la política de ventas, a la entrega al cliente final y al servicio posventa. Aunque no todas las empresas operan del mismo modo, la mayoría poseen las siguientes cinco actividades primarias:

- **(1) la logística de adquisición (o logística entrante)** reúne el proceso de adquisición de los recursos: las materias primas, su recepción, su entrada en *stock*, etc.;
- **(2) la fabricación (u operación)** incluye el uso de las materias primas, la producción del bien, los controles de calidad, la preparación, el mantenimiento, etc.;
- **(3) la logística de distribución (o logística saliente)** reúne la salida de los *stocks*, la preparación de los pedidos, la entrega a los distribuidores y a los clientes finales, etc.;
- **(4) el *marketing* y las ventas (o comercialización)** incluyen la promoción, la comunicación,

la política de precios, la publicidad, la gestión de los canales de distribución, etc.;
* **(5) los servicios (o prestaciones posventa)** engloban las reparaciones, el mantenimiento, los servicios posventa, etc.

Las actividades de apoyo (o funciones intersectoriales)

Las actividades de apoyo contribuyen al buen funcionamiento de las operaciones, ofreciendo a la empresa la oportunidad de ejecutar las actividades centrales y de gestionar la coordinación, con el objetivo de optimizar la eficacia. Entre ellas, encontramos:

- **(A) la infraestructura de la empresa**, que comprende la dirección general, financiera y administrativa, el departamento de asuntos jurídicos y los servicios encargados de la planificación, del control de la calidad, etc.;
- **(B) los recursos humanos**, que se ocupan de la contratación, de las formaciones, del proceso de remuneración, de la gestión de las competencias, del organigrama, de la política de recompensas, de los despidos, etc.;
- **(C) la investigación y el desarrollo,** que incluye la investigación y la selección de las tecnologías, la capacidad de innovación, el desarrollo de los productos o servicios, la seguridad de los productos, la gestión de las patentes, etc.;
- **(D) las compras (o el suministro),** que engloban los métodos de compra de las materias primas, la selección de los proveedores, las negociaciones con los proveedores, el alquiler de los locales, etc.

Las actividades de apoyo pueden afectar a algunas actividades centrales. Las divisiones que hemos citado no necesariamente están presentes en todas las empresas, aunque son frecuentes.

UN MODELO ADAPTABLE

Cuando define su concepto, Porter insiste mucho en la necesidad de una esquematización personal. Aconseja elegir de antemano entre una cadena de valor corta o larga, en función de la importancia que tengan o no algunas actividades. También es necesario, de vez en cuando, reorganizar su cadena de valor para diferenciarse de la competencia. Finalmente, el profesor destaca que la clave de la ventaja competitiva se encuentra tanto en la mejora de las actividades como en las interconexiones. Si una actividad progresa de manera independiente a las otras, puede producirse un desequilibrio entre los diferentes polos que genere nuevos costes.

LÍMITES DEL MODELO Y EXTENSIONES

LÍMITES Y CRÍTICAS DEL MODELO

Aunque se planteó hace décadas, el modelo de Porter sigue siendo muy actual: todavía hoy proporciona las herramientas necesarias para las empresas que buscan un aumento del valor añadido de sus actividades, así como una reducción de sus costes de producción. Sin embargo, a pesar de su eficacia, la cadena de valor recibe cada vez más críticas, ya que se encuentra con ciertos límites.

En primer lugar, la aplicación de este método es relativamente larga y sinuosa:

- la gran cantidad de datos necesarios para utilizar la cadena de valor es colosal y a veces resulta difícil de obtener;
- el margen de interpretación es demasiado importante, lo que corre el riesgo de dañar el análisis y de deformar el resultado final;

- la falta de precisión puede perjudicar al análisis.

En segundo lugar, la voluntad de tener la ventaja competitiva en un mercado conduce a las empresas a optar por una política de liderazgo en costes, lo que representa uno de los principales límites del modelo. Si todas las empresas utilizan esta estrategia de liderazgo en costes, el precio que se ofrece será cada vez más bajo, pero las empresas no pueden reducir sus costes de forma indefinida.

En tercer lugar, resulta difícil determinar la noción de creación de valor vinculada a esta cadena, ya que los diferentes economistas conciben el valor en sí mismo de formas distintas:

- la escuela neoclásica (principios del siglo XIX) se basa en la utilidad subjetiva o el valor relativo vinculado al intercambio y no a los costes de producción. Dicho de otra forma, el valor de un bien depende del valor de otro bien en el seno de un mismo mercado;
- a esta se le opone la escuela clásica (entre 1760 y 1848, en Francia e Inglaterra), que concibe el

valor como absoluto y lo determina en relación con las características del objeto.

El modelo de Porter, ostensiblemente más cercano al pensamiento neoclásico, se basa en la interpretación de la voluntad del cliente. De forma más extensa, los detractores de Michael E. Porter le reprochan una falta global de claridad y de precisión en sus definiciones. Condenan igualmente la ausencia de datos empíricos que, según ellos, son necesarios para justificar sus teorías.

Estos límites y críticas dirigidos al modelo de Porter no son exhaustivos y, además, algunos afirman que los fundamentos de la cadena se han completado con los trabajos de otros economistas menos célebres. Finalmente, aunque se tiene que utilizar con precaución, la cadena de valor de Porter es una herramienta de vital importancia para la gestión de una empresa.

MODELOS CONEXOS

Las cinco fuerzas de Porter

Michael Porter siempre intentó entender los asuntos relacionados con la competencia. De esta forma, algunos años antes de la publicación de sus investigaciones sobre la cadena de valor, se dio cuenta de que la estructura competitiva de una empresa se define de una forma demasiado restringida. Asimismo, en 1979 elabora un modelo llamado «las cinco fuerzas de Porter». Este concepto permite mantener la ventaja competitiva y asegurar una cierta rentabilidad a largo plazo. Estas fuerzas son:

- **la intensidad de la competencia entre empresas del sector.** Las empresas en un mismo sector luchan por mantener su posición;
- **el poder de negociación de los proveedores.** Cuanto más poder tiene un proveedor, mejor podrá imponer sus condiciones (precio, calidad, cantidad) y al contrario para los proveedores que tienen poca influencia;
- **el poder de negociación de los clientes.** Estos imponen sus exigencias en materia de precios, de servicio y de calidad. Así, influyen en la rentabilidad de un mercado;
- **la amenaza de los nuevos entrantes en el mercado.** Depende del alcance del mercado (economía de escala), del deseo de diversificación de las empresas, del coste de entrada,

del acceso a las materias primas, de los estándares técnicos, etc. Los nuevos competidores trastornan por completo y de forma inevitablemente la jerarquía de los actores en el seno de un mercado;

- **la amenaza de los productos sustitutos.** Representan una alternativa a la oferta del mercado y generalmente presentan una mejor relación calidad-precio.

Cabe destacar que todos los componentes de este modelo están influidos indirectamente por la ley y las normas establecidas por los poderes públicos.

APLICACIÓN DEL CONCEPTO

CONSEJOS Y BUENAS PRÁCTICAS

Contrariamente a la contabilidad general, la cadena de valor no es jurídicamente obligatoria, pero es una herramienta importante en la gestión de una empresa. Aunque se pueden seguir numerosos métodos que no contravienen la ley, es muy recomendable utilizar la forma tradicional, detallada a continuación, en seis etapas.

Parametrizar el análisis

La primera fase consiste en determinar el campo que hay que examinar. Se trata de asimilar correctamente el proceso de fabricación según la cadena de valor y de comprender todas las conexiones entre las distintas actividades. A continuación, hay que definir dentro del proceso global de la empresa el punto inicial —a partir de las materias primas de los proveedores— y el punto final —el *stock* de productos acabados o el cliente—.

Esquematizar la cadena de valor actual

En una segunda fase hay que dibujar la cadena de valor representativa de la empresa, desde el punto A hasta el punto Z, sin olvidar incluir en ella las distintas etapas. En general, estas últimas se representan con cuadrados, los *stocks* con triángulos y los traspasos con flechas.

Esquema de una cadena de valor

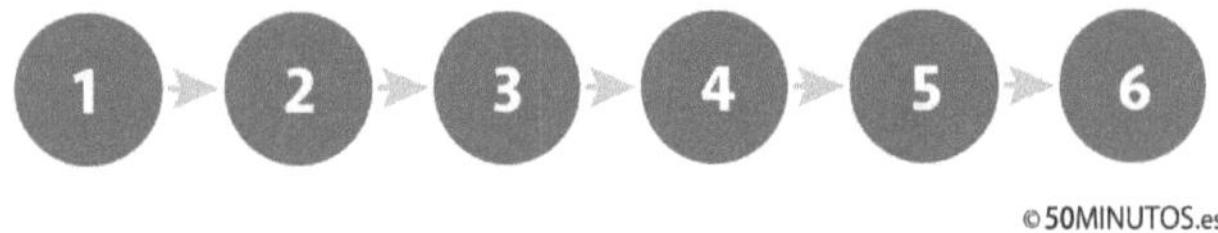

Esta cadena de valor, muy simplificada, puede representar una central de compras (1) que manda los bienes en *stock* desde el momento de la compra (2). La mercancía se envía entonces al taller (3) y, a continuación, pasa por un control de calidad (4), antes de formar parte del *stock* de productos acabados (5). Una vez los productos se han encargado, se dirigen hacia la zona de distribución (6).

Recopilar los datos auténticos

Esta etapa tiene como objetivo reunir la información pertinente que trata sobre el conjunto de las actividades y de las conexiones, pero también verificar su autenticidad. Los datos que hay que recaudar cambian de una empresa a otra, según la estructura y el sector de actividad. Por ejemplo, una empresa de servicios no se preocupa tanto de la fabricación en taller como una empresa industrial. Las industrias tienen que informarse más sobre la duración del ciclo de una actividad, el número de obreros necesarios para cada fase, la duración y la distancia de transferencia entre cada etapa, el coste de las actividades, la eficiencia de las máquinas utilizadas, la rotación de los *stocks*, el valor de los productos en fase de fabricación, el porcentaje de productos defectuosos, etc.

Presentar el esquema y los datos

Resulta interesante también hablar sobre la cadena de valor sintetizada con las personas a las que esta les incumbe. Por ejemplo, hay que pedir a los obreros que den su punto de vista sobre el esquema de fabricación. Quizás los miembros del equipo tengan una visión diferente del proceso de la empresa, y pedirles la opinión puede permitir corregir algunos aspectos mal interpretados. En esta fase, se aconseja añadir al esquema la duración de la ejecución así como la duración de valorización. La primera estima el tiempo necesario para efectuar el recorrido del proceso, mientras que la segunda mide el tiempo de incorporación del valor. La comparación entre los dos datos puede ayudar a identificar los elementos que hay que mejorar.

Reestructurar la cadena de valor

Para la quinta etapa, hay que enfrentarse a la lista de preguntas que en 1999 establecieron Mike Rother y John Shook: responderlas permite a la empresa examinar y eventualmente reestructurar la cadena de valor. Los ocho temas que abordaron estos dos economistas tienen como objetivo mejorar la ventaja competitiva. Lo que hay que lograr en esta fase principalmente es modificar o suprimir las actividades que crean poco o ningún valor. Cuanto más cerca se encuentre la duración de ejecución de la duración de valorización, mejor habrá logrado la empresa disminuir sus transferencias superfluas. Una vez se ha establecido el *optimum* o equilibrio, es el momento de representar la empresa mediante una cadena de valor reestructurada.

Las ocho preguntas de Mike Rother y John Shook son las siguientes:

- ¿Cuál es la duración del ciclo de la cadena de valor?
- ¿La producción se va a encontrar en una tienda o se encaminará directamente hacia el muelle de expedición?
- ¿En qué partes de la cadena de valor se puede instaurar un flujo continuo?
- ¿Dónde habrá que utilizar sistemas de jalón (estrategia *pull*) con la tienda?
- ¿Qué parte exacta de la cadena de producción será elegida como «proceso regulador» para programar la producción?
- ¿Cómo se realizará el alisamiento de la producción?
- ¿Qué parte del trabajo se usará como unidad de tiempo del proceso regulador?
- ¿Qué mejoras análogas de los procesos serán necesarias?

Después de las respuestas obtenidas, es importante:

- diagnosticar la ventaja competitiva en base a una cadena de valor competitiva presente en el mercado;
- asimilar las diferentes ventajas de la empresa;
- evaluar las actividades creadoras de valor;
- considerar que la ventaja competitiva no solamente viene del rendimiento de cada actividad, sino también de la interconexión de las actividades entre sí.

Planificar las acciones de mejora

Una vez que la empresa ha determinado las actividades potencialmente mejorables, tiene que buscar los medios que le permitirán mejorar sus resultados. Se aconseja basarse en el esquema revisado y hacer una lista del conjunto de las tareas de las nueve actividades (centrales y de apoyo). Será necesario reinicializar el seguimiento del análisis para cada etapa desde el punto de partida, desde los proveedores hasta las primeras modificaciones. Una actividad revisada puede tener repercusiones en las otras debido a sus interconexiones. Estos cambios pueden degradar la cadena de valor de la empresa.

El éxito de este análisis en bucle, cuyo punto de partida siempre es el mismo, se basa en cuatro reglas:

- el recorrido dibujado es continuo y respeta el ciclo de producción;
- la cadena permite un control de la producción simple y eficaz;
- la empresa se beneficia de mejoras a nivel de la gestión de los gastos y de los pedidos;
- la rapidez de ejecución crece mientras que el volumen de las cantidades en *stock* se reduce.

Consejos

Aunque la cadena de valor de Porter es una herramienta extendida en el campo de la gestión, puede no ser conveniente si está sujeta a confusiones. Los errores más comunes son:

- la delimitación poco precisa del campo de la cadena de valor;
- la elaboración de una cadena de valor a partir del esquema tipo que altera el gráfico a nivel de las interconexiones de las actividades;
- el olvido de una etapa en la cadena de valor. Asimismo, es muy recomendable hacer el recorrido físicamente, en la empresa, comenzando en los *stocks* de materias primas hasta llegar a la expedición de los productos acabados. De esta forma, nos aseguraremos de que cada etapa está integralmente sometida al análisis.

ESTUDIOS DE CASO — EMPRESA INDUSTRIAL

Cadena de valor de la empresa estudiada

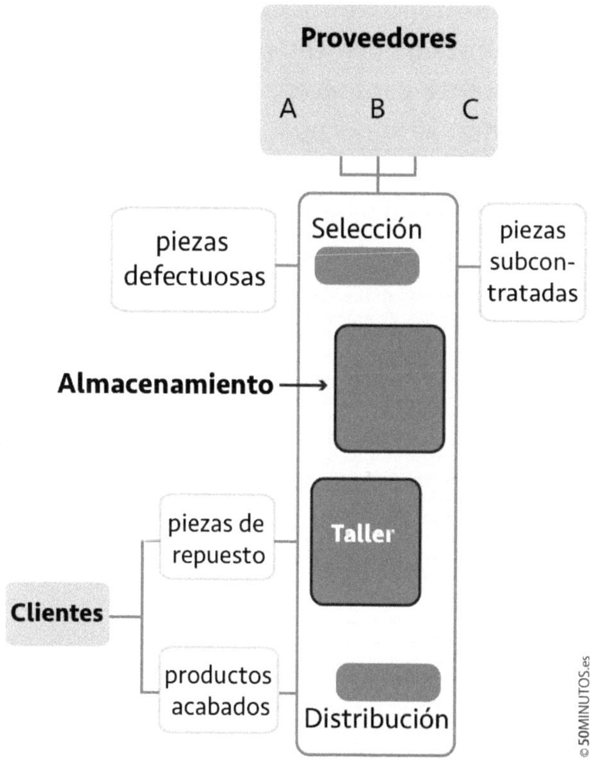

Contexto

Aunque el modelo de Porter no esté reservado exclusivamente a las empresas industriales, hemos elegido tomar como ejemplo una empresa siderúrgica que posee una cadena de valor de tipo largo. Se trata de una compañía que ha luchado vigorosamente para alcanzar el puesto de líder mundial que ahora ocupa. Además de fusiones y otras adquisiciones, lo que le ha permitido imponerse en el seno de este nicho de mercado ha sido su capacidad de adaptarse al mercado. La empresa ha utilizado varios procedimientos para perfeccionar su gestión de empresa, y entre ellos destacar el de la cadena de valor.

Su principal actividad es el ensamblaje de diferentes herramientas o máquinas capaces de hacer grabados finos en tubos de acero. Una vez ensambladas, permiten a los clientes extraer gas o petróleo.

La empresa compra a sus diferentes proveedores materias primas (el acero y el hierro fundido) o piezas subcontratadas. Las compras se almacenan antes de reorientarse hacia el centro de clasificación para pasar allí un ensayo de conformidad. Una vez comprobadas, se guardan en un espacio llamado «*stock* limpio». Las piezas se dirigen entonces al taller. Para esta empresa, la gestión de los *stocks* es una tarea complicada, ya que solamente el 80 % de las piezas de las máquinas son idénticas. Los clientes tienen sus propios tubos en los que el aparato tiene que poder adaptarse, y la fabricación del producto es muy compleja, con una duración de entre cuatro y seis meses. Una vez terminadas, las máquinas se almacenan antes de pasar por una serie de pruebas para verificar su buen funcionamiento. Entonces, se embalan para evitar un máximo de desperfectos y se transportan hasta su destino final. Asimismo, la empresa se ocupa de la reparación de los aparatos mal calibrados, defectuosos u obsoletos.

Este proceso de fabricación elaborado hace más de veinticinco años todavía se usa hoy en día, aunque no sea idéntico. La empresa ha reorganizado su estructura para mejorar sus resultados, a pesar de la complejidad y del elevado coste de una tarea semejante. Era una decisión necesaria para que la empresa pudiera seguir ocupando su puesto de líder mundial en el sector.

Reorganización de la cadena de valor en el seno de la empresa

Para realizar el examen completo de su situación organizativa, la empresa recurrió a un equipo externo, formado por expertos cualificados en gestión:

- asociados a los responsables, empezaron por parametrizar el conjunto de la actividad que había que analizar dibujando un punto inicial —la recepción de las materias primas— y un punto final —la entrega a los clientes—. No obstante, era necesario conectar la quinta actividad central con la tercera, puesto que, después de la reparación de las máquinas en la quinta función, se redirigen hacia el cliente;
- a continuación, hubo que dibujar la cadena de valor indicando las etapas (cuadrados), los stocks (triángulos) y los movimientos (flechas);
- el equipo externo estableció entonces un cuestionario de unas veinte páginas sobre los criterios de la empresa para reunir datos precisos en función de los ámbitos de actividad de la misma. Los responsables, acompañados por sus ingenieros, respondieron primero a las preguntas propias de su sector. Después, para

comprobar y ajustar los datos, los expertos pusieron estas informaciones a disposición de cada obrero. Sus comentarios precisaron les elementos que se habían proporcionado anteriormente. El equipo externo evaluó finalmente la duración de ejecución y de valorización para identificar frenos eventuales. Después de una comparación, la conclusión señalaba un plazo de ejecución demasiado elevado.

Las respuestas a las preguntas de Mike Rother y John Shook permitieron a los expertos determinar las diferentes lagunas de la cadena de valor de esta empresa siderúrgica. Así, la empresa diagnosticó que:

• su ventaja competitiva sobre su cadena de valor provenía de una gestión eficaz de los *stocks* de materia prima;
• sus ventajas se basaban principalmente en los costes de producción relacionados con la excelente mano de obra y con la productividad de las máquinas;
• existían dos puntos potencialmente mejorables, uno a nivel de la fabricación y el otro a nivel de la organización. El primero consistía

en un número importante de máquinas mal adaptadas a las demandas de los clientes y el segundo, en los desplazamientos demasiado largos entre las etapas y las zonas de almacenamiento;

- se rompían muchas piezas en el proceso de la fabricación. Esto no estaba causado por un mal funcionamiento de la producción, sino por la actividad de las compras efectuadas precedentemente en la cadena, y más precisamente de los elementos subcontratados.

Después de la mejora esquemática de la cadena de valor de Porter aportada por los expertos, la empresa experimentó tres grandes cambios:

- una reducción del tiempo de fabricación de las máquinas;
- una reducción de los costes de fabricación;
- una mejora de la oferta de productos acabados, que se corresponden más con las expectativas de los clientes.

Haciendo un recorrido teórico y físico por los distintos itinerarios de producción, la empresa pudo mejorar algunas actividades para optimizar los resultados y conservar su posición de líder en el mercado.

Razón del liderazgo mundial

- **La coordinación con los clientes.** Uno de los mayores problemas con los que se encontraba la empresa era la falta de precisión en la ejecución de los pedidos de los clientes. Las máquinas tenían que hacer grabados en los tubos disponibles en el taller, incluso si el diámetro de estos no siempre se correspondía con lo que los clientes querían. En ese caso, estos debían ir a la empresa para reajustarlos. Este gran problema organizativo se resolvió con la habilitación de un almacén para los tubos de los clientes. Ahora, las máquinas ya pueden operar con precisión y la empresa ya no está preocupada por las críticas.

- **El acondicionamiento de la empresa.** Mientras que en sus inicios la empresa era una pyme de pocos empleados, con el paso del tiempo vio como sus pedidos aumentaban de forma exponencial. La empresa fue creciendo poco a poco aumentando las zonas de almacenamiento y los espacios dedicados a los talleres y a las oficinas. Cuando el primer local se volvió demasiado pequeño para realizar con éxito las operaciones, la empresa construyó un segundo y después un tercero, donde se almacenaban con cuidado las materias primas y los productos acabados. Los expertos se dieron cuenta de que las máquinas de varias toneladas tenían que hacer un trayecto demasiado largo entre el primer local, en el que se hacía la fabricación, y el tercero, y que los *stocks* iniciales tenían que atravesar todo el taller para llegar a la cadena de montaje. La empresa decidió entonces invertir las funciones de los dos primeros almacenes. Al acondicionarlos en el sentido del flujo de la producción, logró que se redujeran las distancias que había que recorrer entre el taller, las zonas de almacenamiento y los centros de clasificación o de control.

- **La mejora de las piezas subcontratadas.** Las estadísticas mostraban un número de piezas rotas demasiado alto. Los análisis mostraron que estas provenían mayormente de subcontratistas de Europa del Este. El problema residía en la calidad de sus materias primas. Para que la empresa siguiera siendo competitiva, no era posible ni que se pusiera a fabricar estas piezas mecánicas ni que cambiara de proveedores, ya que todos eran relativamente más caros. Para garantizar la calidad, la empresa compra ahora las materias primas de subcontratistas de Francia que manda a Polonia y a la República Checa para fabricar allí sus piezas. Aunque la empresa vio aumentar el precio de coste de sus compras, se beneficia ahora de un descuento sobre el número de pedidos.

Sin estos cambios considerables, la empresa no habría podido seguir siendo el líder mundial de este mercado. La reorganización de la cadena de valor implicó decisiones complejas que, aunque fueron costosas, resultaron provechosas para toda la empresa.

EN RESUMEN

- El concepto de cadena de valor establecido por el profesor Michael E. Porter apareció en 1985 en su obra titulada *Competitive Advantage: Creating and Sustaining Superior Performance.*
- La cadena de valor es un modelo de gestión de empresa que esquematiza la creación de valor en el seno de una empresa.
- Esta herramienta analítica permite a las empresas analizar sucesivamente el conjunto de sus actividades para identificar y mejorar los eslabones perfectibles con tal de optimizar la ventaja competitiva.
- La cadena de valor subdivide la empresa en nueve actividades clasificadas en dos categorías: cinco actividades centrales y cuatro actividades de apoyo.
- El análisis por cadena de valor se desarrolla en seis etapas: delimitación del campo que hay que examinar, esquematización de la cadena de valor, recopilación y autentificación de las informaciones, presentación de los datos,

reestructuración de la cadena y planificación de las acciones.

- Esta herramienta tiene numerosas ventajas: es adaptable a todo tipo de empresa; permite mejorar su competitividad; presenta etapas claras y bien definidas para llevar a cabo el análisis de la cadena de forma eficaz, etc.
- El examen es, sin embargo, un trabajo a largo plazo. Hay que disponer de una importante cantidad de datos. Además, la interpretación personal tiene un papel importante, lo que corre el riesgo de hacer que el ejercicio sea más inexacto.
- La cadena de valor tiene muchas similitudes con otros modelos también importantes en la gestión de empresas, en especial con el célebre modelo llamado «las cinco fuerzas de Porter».
- La cadena de valor es una herramienta con mucho poder que se tiene que utilizar con precaución. Para que sea eficaz, hay que entender que cada análisis es diferente según la empresa de la que se trate.
- La mejora de la cadena implica decisiones complejas que, si se llevan a cabo, permiten que las empresas alcancen sus objetivos.

¡Tu opinión nos interesa!
¡Deja un comentario en la página web de tu
librería en línea,
y comparte tus favoritos en las redes sociales!

PARA IR MÁS ALLÁ

FUENTES BIBLIOGRÁFICAS

- Lachat, Daniel. 2007. "La Chaîne de valeur, modèles entrepreneuriaux et étalonnage". *Halshs Archives ouvertes*. Consultado el 23 de mayo de 2014. http://halshs.archives-ouvertes.fr/docs/00/12/44/39/PDF/Chaines_de_valeur_modeles_entrepreneuriaux_et_etalon_.pdf

- Magreta, Joan. 2012. *La Méthode Michael Porter*. Montreal: Éditions Transcontinental.

- ONUDI, Frank Hartwich, Jean Devlin y Patrick Kormawa. 2011. *Diagnostic de la chaîne de valeur industrielle: un outil intégré*. Viena: Organización de las Naciones Unidas para el Desarrollo Industrial.

- Porter, Michael E. 1998. *Competitive Advantage: Creating and Sustaining Superior Performance*. Nueva York: Simon & Schuster.

- Porter, Michael E. 2010. "The Five Competitive Forces That Shape Strategy". *Harvard Business Review*.

- Rother, Mike y John Shook. 1999. *Learning to see: Value Stream Mapping to Add Value and Eliminate MUDA*. Cambridge: The Lean Enterprise Institute of Brookline Massachusetts.

- Zeroual, Thomas. 2011. "Supply Chain Management: portée et limites. L'Apport des théories des réseaux". *ESCE de París*.

FUENTES COMPLEMENTARIAS

- Desreumaux, Alain, Xavier Lecocq y Vanessa Warnier. 2009. *Stratégie*. Montreuil: Éditions Pearson Education.

- Magreta, Joan. 2011. *Comprendre Michael Porter: concurrence et stratégie*. París: Éditions Eyrolles.

www.50Minutos.es

ISBN ebook: 9782806274908

ISBN papel: 9782806285393

Depósito legal: D/2016/12603/473

Libro realizado por Primento*, el socio digital de los editores*